JN090492

お金の使い方で
未来を変えよう!

5

お金の
トラブルを
なくそう

監修：松葉口玲子

童心社

お金の使い方で未来が変わる！

　わたしたちは毎日、さまざまなものを買って生活しています。身の回りの食べ物や服や家具や家電製品の多くは、買ってきたものですね。

　ものを買うときに必要なのがお金。わたしたち消費者は、どんなふうにお金を使うか、どんな商品を買うかを選ぶことができます。お金の使い方で、自分の生活だけでなく、わたしたちの暮らす社会も変えることができるのです。

　お金の上手な使い方を知って、世の中を、未来を変えていきましょう。

　この巻では、お金のトラブルの対策や、消費者の権利と責任、消費者を守る仕組みについて学びましょう。

この本に出てくるキャラクター

やりくりちゃん

お金のやりくりが得意な不思議な生き物。買い物の仕方やお金の使い方をみんなに教えてくれる。

ふみかちゃん

おしゃれが大好きな小学5年生。おしゃれなものを見ると、つい買いたくなってしまう。

みらいくん

あまいものが大好きな小学5年生。お菓子を買いすぎて、おこづかいは、いつもすぐになくなってしまう。

2

もくじ

友だちとのお金の トラブルって？

友だちとのお金のやりとりはトラブルのもとになります。
どんなケースがあるのでしょうか？

ケース 1 気がつかずにお金を借りてしまった

⚠️ ここに注意！

　子どもどうしでお金の貸し借りをするのはやめましょう。しない
つもりでいても、このケースのように、お金を借りたと思わないう
ちに、借りてしまうこともあります。

　お金のやりとりは、小さな行きちがいがトラブルのもとになるの
で、ほかのことよりも慎重にします。少ない額でも借りたことにな
らないか、貸したことにならないか、気をつけるようにしましょう。

お金の使い方のルールは
家によってもちがうクリ。
だから友だちといるときは、
お金のやりとりはしないの
が大事だクリン。

ケース2 　仲間はずれになりたくないから おごってもらった

⚠️ ここに注意!

「ひとりだけ買えないとかわいそう」とか、「自分がお金をもっていないせいでみんなが楽しめないかも」という気持ちが原因で、おごったりおごられたりしてしまうことがあります。

その場ではまわりのことを考えてしたつもりでも、子どものおこづかいは、もともと家の人のもの。大人が信頼して預けたお金を、勝手におごったり、おごられたりすると、トラブルのもとになります。

お菓子や飲み物は家からもちよるルールにするなど、お金を使わずに、仲良くする方法を考えるようにしましょう。

「どうしてもお金を使わないと仲良くできない」と思うときは、必ず大人に相談するクリン!

ケース ③ 交通系ICカードならタダだと思ってたくさん使ってしまった

⚠️ ここに注意！

　最近は、現金ではない、目に見えないお金（キャッシュレス）でのやりとりが増えています。お金をチャージ（入金）して使う交通系のICカードなどは、ピッとかざすだけで買い物ができるので、お金をはらっている感じがしづらくなっています。

　でも、お金をはらっているのは現金と同じ。とくにオートチャージといって、お金が減ると自動的に銀行口座から入金されるように設定されているカードは、いくら使ってもお金がなくならないように思えます。でも、チャージされるたびに、銀行口座からお金が減っているのです。

ICカードもお金だよ。見えづらい分、注意が必要だクリ。ICカードを使っておごったりおごられたりするのも、だめなんだクリン。

ケース4 いちどお金を貸したら、何度も貸してと言われた

⚠️ ここに注意！

エスカレートすると、いじめや犯罪につながることもあるのが、お金の貸し借りやおごりの危険なところ。

このケースのように、お金を貸したら、何度も貸すように言われることもあります。これは「たかり」といって、脅迫などの犯罪になりかねません。

逆に、おごってもらった場合に、あとから「宿題を見せて」など、お返しを求められることもあります。

最初は少ない金額からはじまっても、いずれ大きなトラブルになることもあります。最初から、お金の貸し借りはしないことが大切です。

もし、何度もお金を貸してと言われて困ったら、ひとりで悩まないで、大人に相談するのが大切だクリ！

2 友だちとのお金の トラブルをなくすには？

友だちとの間のお金のトラブルをなくす方法はあるのでしょうか？
もしトラブルが起こったら、どうすればよいのでしょうか？

お金のやりとりはしない

子どもどうしではお金のやりとりをしないことが基本です。

子どもどうしが仲良くするには、お金は必要ありません。お金のやりとりはかえって、友情をこわすトラブルの原因になることもあります。お金をかけないで楽しめる方法を考えましょう。

どうしてもお金のやりとりが必要なときは、家の人に相談してみましょう。

お待たせ～！
飲み物
もってきたよ～。

わたしも！

何かあったら、すぐ大人に話す

気をつけていても、どうしても断れなかったり、仕組みがわからなくて、気がつかずにお金のやりとりをしてしまうこともあるかもしれません。

大事なのは、不安に思ったら、すぐに信頼できる大人に話すこと。たくさんお金を使う前に話せば、トラブルが大きくなる前に対応することができます。話しづらく思うかもしれませんが、できるだけ早く話すことが大切です。

いつでも「今」がいちばん早いクリ。いつでも話すといいクリン。

インターネットでの お金のトラブルって？

お金のやりとりが見えづらいインターネットでは、
どんなトラブルがあるでしょうか。

ケース ① 無料のオンラインゲームをしていたのに、お金を請求された

⚠️ ここに注意！

　オンラインゲームは最初は無料でも、アイテムを手に入れたり、キャラクターの見た目を変えるのにお金がかかる（課金される）ことがよくあります。家の人のスマホを使っていたり、端末にクレジットカードのパスワードが登録されていたりすると、お金をはらったつもりがなくても、買ってしまっていることがあります。あとから請求され、お金をはらわなければなりません。もしまちがって買ってしまったかもと思ったら、早めに家の人に相談しましょう。

「キャリア決済」というのも、タダじゃないクリ。携帯電話の料金といっしょに、あとからお金をはらわなきゃいけないクリ。

ケース ❷ テレビで番組や動画を見ていたら、いつの間にか配信サービスを契約していた

⚠ ここに注意！

　最近は、テレビもインターネットにつながっているので、気がつかずに、テレビのリモコンから番組や映画を購入・レンタルしてしまったり、有料の動画配信サービスを契約してしまったりすることもあります。

　もし何かを選択する画面になったら、家の人に確認するようにしましょう。選択してしまってからでも、早く伝えれば、少ない額や、ただですむことがあります。

　また、インターネットの動画にも、有料のものがあったり、配信している人にお金をあげる（投げ銭）機能がついていたりして、気がつかずに購入してしまうことがあるので、注意しましょう。

ゲームやスマホ、テレビの設定について、家の人とよく相談しておこう。まちがって購入してしまわないよう、最初から危険を避けられる設定をすることが大事だクリ。

ケース ❸ クリックしただけで、お金をはらえという画面になった

⚠️ ここに注意！

　ネットを見ているときに、なにげなくクリックすると、お金を請求される画面が開くことがあります。びっくりしますが、これは「ワンクリック詐欺」といって、はらう必要がないお金を、だましてはらわせようとするもの。

　不安に思っていろいろクリックしていると、「はらわないと家に行くぞ」などとおどすような言葉が出てきたり、逆に「困ったらこちらに連絡してください」と電話番号やメールアドレスが表示されることがあります。

　でも、はらわなくて大丈夫。連絡するとよけいに被害にあうので、決して連絡せず、家の人に相談しましょう。

　ほんとうにある会社のふりをして「重要なお知らせ」なんていうメールを送ってきて、住所やカードの番号、パスワードなどを聞いてくるものもあるクリ。これは「フィッシング詐欺」で、絶対に教えちゃだめだクリ。

ケース 4 ネットショップで注文したら、商品が届かなかった

⚠️ ここに注意！

　ネットショッピングは、お店に行かなくても欲しいものを買うことができて、とても便利です。でも、中には悪質なところもあって、代金をはらったのに商品が届かなかったり、Webサイトの写真とはまったくちがう商品やこわれた商品が届いたりするトラブルも発生しています。

　ネット上で買い物をするときは、極端な値引きがされていないか、住所がおかしな表記になっていないか、口コミ（買った人の意見や評価）でトラブルの報告が多くよせられていないかなどをチェックして、信頼できるお店かどうか確認してから買うようにしましょう。

1回だけ買ったつもりが、毎月買う「定期購入」になってしまっていることもあるクリ。買う前には、大人の人にチェックしてもらうクリ。

データで見る 買い物トラブル

買い物やお金をめぐるトラブルは、どのくらい起こっているのでしょうか？
グラフで見てみましょう。

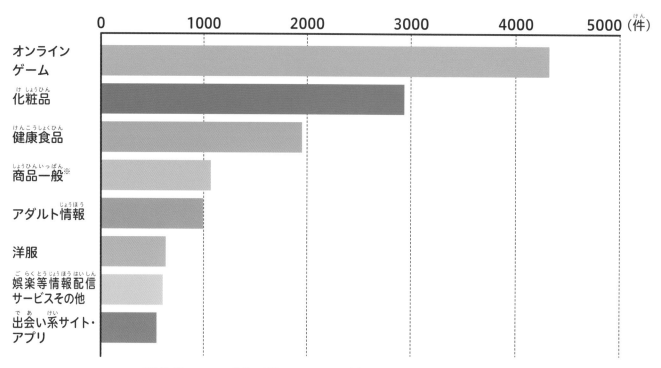

消費生活相談件数が多い商品・サービス（20歳未満）

	0	1000	2000	3000	4000	5000（件）
オンラインゲーム						
化粧品						
健康食品						
商品一般※						
アダルト情報						
洋服						
娯楽等情報配信サービスその他						
出会い系サイト・アプリ						

※商品一般は、商品の分類を特定できないものや特定する必要のないもの。身に覚えのない請求に関する相談が多い。

2021年度／国民生活センター「消費生活年報2022」より一部抜粋

「消費生活相談」って、なあに？

商品やサービスを買って、トラブルがあったときの相談のことだよ。
上のグラフは、消費生活相談窓口（→31ページ）によせられた、20歳未満の人からの相談の件数なんだクリ。

オンラインゲームと化粧品の相談が多いんだ…。

オンラインゲームに関する消費生活相談件数

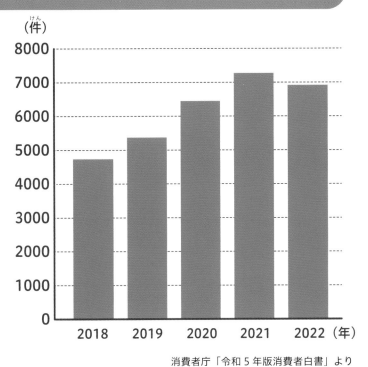

（件）

消費者庁「令和5年版消費者白書」より

オンラインゲームの相談の半分以上は、20歳未満の人からなんだクリ。

課金されちゃうんだよね。気をつけよう。

オンラインゲームで購入した金額（10〜17歳）

※消費生活相談がよせられたもの。割合は四捨五入しているため、合計は100にならない。

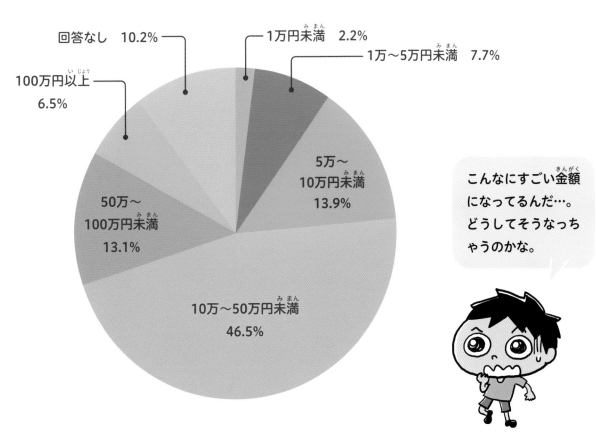

回答なし　10.2%

1万円未満　2.2%

1万〜5万円未満　7.7%

100万円以上
6.5%

5万〜
10万円未満
13.9%

50万〜
100万円未満
13.1%

10万〜50万円未満
46.5%

こんなにすごい金額になってるんだ…。どうしてそうなっちゃうのかな。

2021年／消費者庁「令和4年版消費者白書」より

販売購入形態別の消費生活相談件数の割合（20歳未満）

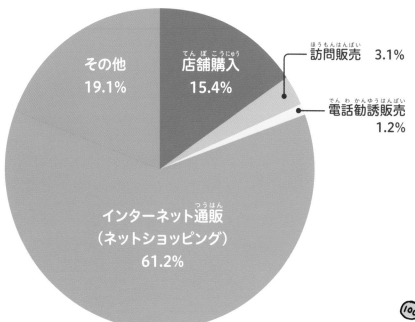

その他
19.1%

店舗購入
15.4%

訪問販売 3.1%

電話勧誘販売
1.2%

インターネット通販
（ネットショッピング）
61.2%

2022年／消費者庁「令和5年版消費者白書」より

どこで買ったもののトラブルが多いか、というグラフだクリ。20歳未満だとネットの割合がすごく多いクリ。ネット通販には、サイトの利用料やゲーム課金もふくまれているクリ。

インターネットでの予約や買い物で気をつけていること

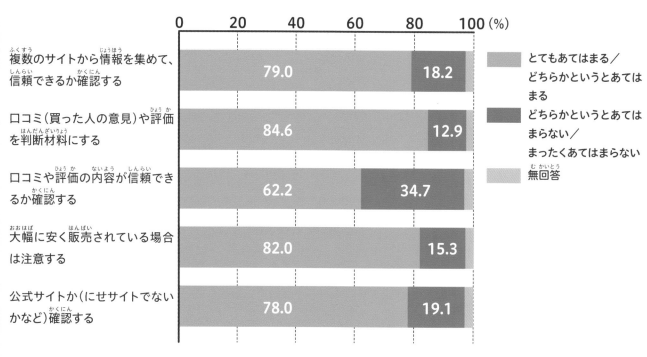

| | 0 | 20 | 40 | 60 | 80 | 100 (%) |

複数のサイトから情報を集めて、信頼できるか確認する　79.0　18.2

口コミ（買った人の意見）や評価を判断材料にする　84.6　12.9

口コミや評価の内容が信頼できるか確認する　62.2　34.7

大幅に安く販売されている場合は注意する　82.0　15.3

公式サイトか（にせサイトでないかなど）確認する　78.0　19.1

とてもあてはまる／どちらかというとあてはまる

どちらかというとあてはまらない／まったくあてはまらない

無回答

2022年／消費者庁「令和4年度消費者意識基本調査」より一部抜粋

# インターネットでの お金のトラブルをなくすには？

インターネットでの契約や買い物のトラブルをなくすには、
どんなことに気をつければよいのでしょうか？

 ## まちがって買わないように設定する

スマホやタブレット、パソコンやゲーム機はもちろん、テレビもインターネットに接続されていて、クレジットカードなどの情報が登録されていることが多くなっています。まちがって契約したり、買ってしまわないように、家の人と相談して、パスワードなどの認証やフィルタリング※など、安全な設定をすることが大切です。

子どもが保護者の許可を得ないで課金した場合は、取り消してもらえる場合もありますが、年齢確認で大人だとうそをついたり、保護者の端末やアカウントを使っていた場合、取り消してもらえないこともあります。

※フィルタリング：有害・違法なサイトへのアクセスを制限すること。

> このスマホって、まちがって課金しちゃったりしないようになってる？

> うん。パパの指紋認証が必要だよ。

┃ちょこっと┃ コラム うその「おすすめ」に気をつけよう

ほんとうは宣伝や広告なのに、それをかくして、ふつうの人がおすすめしているように見せかけているものを「ステルスマーケティング」（ステマ）や「サクラ」といいます。

商品を売っている会社からお金をもらった人が、それをかくしてSNSなどでその商品をすすめたり、いい口コミを書きこんだりします。

買う人はそれを信じて、正しい判断ができないくなってしまうため、ステルスマーケティングは法律によって規制されています。でもネット上にはたくさん見られるので、注意しましょう。

> 「ステルス」は「こっそりやる」という意味なんだクリ。

✏ クリックする前に よく考える

　ネットで見ているのは、実際の商品ではなく、画面を通した情報です。ネットショッピングの画面は、よいところが目に入るようにつくられているので、ついチェックがあまくなってしまうこともあります。見た目や値段ばかりでなく、安全性や丈夫さについても、しっかり考えるようにしましょう。

　また、クリックするだけで購入できるというのは便利ですが、クリックするだけで契約してしまうということでもあります。クリックする前に、いちど立ち止まって考えたり、相談するようにしましょう。

✏ ひとりで解決しようと しない

　もし、インターネットでの買い物で困ったことがあったら、自分ひとりで解決しようとしないで、家の人や、信頼できる大人に相談しましょう。

　買ったものが届かない、買ったものでけがをした、高額の請求がきた、などのトラブルにあったときには、消費者ホットライン「188」に電話すると、各地の相談窓口（→ 28、31、34 ページ）を案内してくれます。

消費者ホットライン

188
イ ヤ ヤ

身近な消費生活相談窓口を
案内してくれます。
受付時間は、地域によってちがいます。

ネット以外の買い物
トラブルも相談にの
ってくれるんだって。

\ちょこっと/
コラム
悪質な会社の手口を知っておこう

　だまして商品を売りつけたり、お金をとったりする会社は、相手の弱みにつけこんできます。どんな手口で近づいてくるのかを知って、注意するようにしましょう。

商品を売るときに、重要な情報は見づらいところに書いておく。そういうのを見ない人が多いから、みんなだまされるんだ。

こちらが親切にすると、お返ししなくちゃって思って、買ってくれる人もいるんだ。

勝手に請求書を送りつけると、びびってお金をはらってくれる人も多いよね。

商品の写真を実物よりよく見せたり、有名人がすすめてるって書くと、どんどん売れるよ。もちろんうそだけどね。

最初は無料といって、2回目から高いお金をはらわせるという手もあるよ。もちろん、2回目からのことはだまっておくんだ。

自分はだまされないと思っている人ほど、だましやすいんだよね。

悪質商法って どういうもの？

インターネットでもそれ以外でも、人をだまそうとする手口がまだあります。
いったいどんなものがあるのでしょうか？

相手をだまして商品を売る

相手をだましたり、おどしたりしてものやサービスを買わせる方法を「悪質商法」といいます。被害にあわないためには、どんな手口があるのか知っておくことが大切です。少しでもあやしいと感じたら、家の人に相談しましょう。

定期購入商法

定期購入（毎月１回など、定期的にずっと買うこと）で、「初回100円」「すぐ解約できる」などと宣伝して注文させ、２回目からは高額を請求したり、解約に条件をつけていたりします。定期購入であることをわかりにくくしているものもあります。

「初回だけ安い」に、
だまされない！

送りつけ商法

商品を注文していない人に、勝手に商品を送りつけて、代金をはらえと要求する方法です。請求書が同封されていたり、宅配の人にはらう代引（代金引換）になっていたりします。覚えのない商品ははらう必要はありません。「ネガティブ・オプション」ともいいます。

注文していない商品は
受けとらない！ はらわない！

架空請求・不当請求

注文も利用もしていない人に、いきなりメールや郵便、電話などで、請求書を送りつける方法です。「最終通告書」や「訴訟」（裁判所にうったえる）などの言葉を使って、相手をおどすこともあります。

心当たりのないお金は
はらわないで、無視しよう!

アポイントメントセールス

メールや電話で、「商品が当たったから、とりにきてください」「あなただけ特別に割引します」などと言って喫茶店などに呼び出します。それにこたえて喫茶店にやって来た人に、高額の商品を買わせます。

知らない人から
呼び出されても行かない!

キャッチセールス

駅前などの路上で、「アンケートに協力してください」「無料体験できます」などと声をかけてきます。協力すると答えると、喫茶店など別の場所に連れて行かれて、高額の商品を買わされます。

道で声をかけられても
ついて行かない!

マルチ商法

「簡単にもうけられる」と言ってさそい、「商品やサービスを買って、それを知り合いに紹介したり買わせたりすれば、紹介料や報酬で大もうけできる」などとだまして、高額の商品やサービスを買わせます。

「簡単にもうかる」という話には注意しよう!

サクラサイト商法

突然、芸能人や占い師を名乗る人（サクラ）から、「相談したい」「話を聞くだけでお金をあげる」といったメールが送られてきます。やりとりすると、連絡のため、登録のためなどといって、高額をはらわされます。

知らない人からのメールは信用しない!

デート商法

SNSなどで知り合って、恋人のように仲良くなったあとで、高い商品を売りつける方法です。きらわれたくないから断れない、という気持ちを利用しているのです。

SNSで知り合った人を簡単に信用しない!

お金のトラブル
あいやすい度チェック

自分が買い物などでお金のトラブルにあいやすいかどうか、
チェックして気をつけましょう！

!! 自分はどんなタイプか知っておこう

❶〜⓮の質問を読んで、「はい」がいくつあるか
数えましょう。

ぼくたちも、やってみよう！

Q1 相手に強く言われると、反論できなくて、言われるとおりにしてしまう。

はい　　いいえ

Q2 いやなことがあると、買い物をして気分をまぎらわせることがある。

はい　　いいえ

Q3 悩んでいることや、困っていることを、だれかに相談するのは気がひける。

はい　　いいえ

Q4 テレビや動画配信に出ている人が言うことは、たいてい信じてしまう。

はい　　いいえ

Q5 流行しているものを常にチェックしていて、それにおくれないようにしている。

はい　　いいえ

Q6 まわりの人にきらわれたくないから、いやと思うことも、いやと言えない。

はい　　いいえ

Q 7 買うものをそのときの気分で選ぶことが多い。

はい　　いいえ

Q 8 何かを決めるときに迷ってしまって、自分では決められないタイプだ。

はい　　いいえ

Q 9 みんなの前で自分の考えを言うことが得意ではない。

はい　　いいえ

Q 10 大人の人が言うことは、たいてい正しいと思っている。

はい　　いいえ

Q 11 まわりの人に気を使いすぎて、つかれてしまうことがよくある。

はい　　いいえ

Q 12 何かが欲しくなると、がまんできなくて、無理にでも買ってしまう。

はい　　いいえ

Q 13 自分は、だれからもだまされたりしないタイプだと思う。

はい　　いいえ

Q 14 できるだけまわりの人と同じように話したり行動したりして、目立たないようにしている。

はい　　いいえ

A 診断結果

「はい」がなかった	＞	自分の考えをしっかりもっていますね。でも、油断は禁物！これからも注意してください。
「はい」が1～5個	＞	「たぶん大丈夫！」という心のスキがトラブルを呼びよせます。よく考えて行動しましょう。
「はい」が6～10個	＞	人に流されやすく危険です。人のうそを見ぬく目をもち、だまされないようにしましょう。
「はい」が11個以上	＞	とても危険です！　人まかせにせず自分で考える習慣を身につけ、いやなことは断る勇気をもちましょう。

消費者は立場が弱いってほんとう？

買い物のトラブルでは、買った人は売った人より立場が弱いといわれています。
それは、どうしてでしょうか？

消費者にはわからない情報もある

ものやサービスを買う人を「消費者」といいます。かしこい消費者になるためには、買い物をするときに商品やお店の情報を集めることがとても大切です。

でも、たとえば商品の材料として健康によくないものを使っていたとしても、パッケージに表示していなければわかりません。

商品をつくる会社がかくしていたら、消費者は重要なことでも知ることができないのです。

消費者を守る仕組みを知ろう

商品のせいで具合が悪くなっても、消費者には商品についての専門的な知識や法律の知識はありません。そのため、つくった会社に苦情を言っても、ごまかされたりして、きちんと対応してもらえないこともあります。

このように、会社などに比べて弱い立場にある消費者を守るために、さまざまな法律や制度がつくられています。これらの仕組みをよく知り、利用して、かしこい消費者になりましょう。

これまでにあったトラブルの例

ほんとうは外国産の肉なのに、国産として出荷していた。

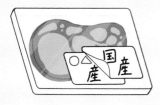

薬をまちがった手順でつくり、危険な成分が入ってしまった。

自動車会社が、部品に不具合があったことをかくしていた。

これじゃあ買う人にはわからないよ。

つくる側がうそをついていたら、だまされてしまうクリ。

2 消費者の権利と責任って何だろう？

消費者を守るために、「消費者の権利と責任」という考え方があります。
いったいどんなことなのでしょうか？

消費者の権利

　昔は商品が原因で病気になったり、けがをしたりしても、商品をつくった会社に、消費者が対応してもらうことはなかなかできませんでした。

　1982年に、国際消費者機構（CI=Consumers International）が、消費者の8つの権利について提案しました。

　この考え方は世界で広く受け入れられ、多くの国で消費者の権利は守られるようになりました。

CIの提案の前に、1962年に、下の4つの権利をアメリカのケネディ大統領が提案して、1975年には、フォード大統領が「消費者教育を受ける権利」を提案していたんだクリ。

安全を求める権利

命や健康に危険があるような商品によって、被害を受けない権利。

知らされる権利

商品の品質や内容についての正しい情報を知る権利。

選択する権利

自分の意思で、さまざまな商品の中から自由に選べる権利。

意見が反映される権利

企業や国などへの消費者の意見が反映され、対応策がとられる権利。

消費者の責任

国際消費者機構（CI）は同時に、5つの「消費者の責任」についても提案しました。消費者の権利が守られるようにするためには、消費者ひとりひとりが、責任をもって行動することがとても大切なのです。

批判的意識をもつ責任

広告などの情報をうのみにしないで、商品の品質や値段に疑問をもって確かめようとする責任。

主張し行動する責任

買った商品に問題があったときは、そのままにしないで、つくった会社などに報告や相談をする責任。

連帯する責任

消費者トラブルを解決したり、消費者の権利を守ったりするために、多くの人と協力して行動する責任。

環境への配慮をする責任

商品の選び方や使い方、使い終わったあとの処理で、いつも環境のことを考えて行動する責任。

社会的弱者に配慮する責任

自分の買い物などが、世の中の、とくに弱い立場の人々にどう影響するかを考えて行動する責任。

消費者教育を受ける権利

被害や事故にあわないように、学校や家庭で必要な知識を学ぶ権利。

補償を受ける権利

商品の不良などが原因で被害にあったときに、商品の交換や賠償などをしてもらう権利。

生活の基本的ニーズが保障される権利

衣食住、教育、医療など、生活に必要なものを手に入れる権利。

健全な環境の中で働き生活する権利

健康的で、調和のとれた環境のもとで働き、生活をする権利。

消費者の行動で世の中を変えられる

　消費者の権利が守られ、ひとりひとりが責任を果たせば、会社も消費者のことを考えて商品をつくったり売ったりするようになります。

　消費者が、自分たちには世の中や未来を変える力があることを知って、消費行動によって公正で持続可能な世の中にしていく社会を「消費者市民社会」といいます。消費者が行動することで、「消費者市民社会」を実現させることができるのです。

消費生活センターについては、31、34ページを見てみよう。

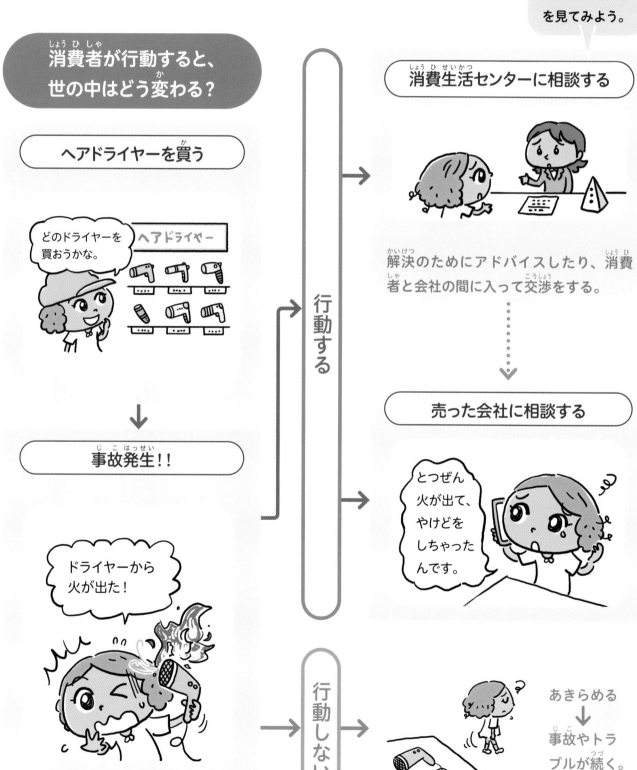

消費者が行動すると、世の中はどう変わる？

ヘアドライヤーを買う

どのドライヤーを買おうかな。

ヘアドライヤー

事故発生!!

ドライヤーから火が出た！

行動する

消費生活センターに相談する

解決のためにアドバイスしたり、消費者と会社の間に入って交渉をする。

売った会社に相談する

とつぜん火が出て、やけどをしちゃったんです。

行動しない

あきらめる
↓
事故やトラブルが続く。

 調べよう 考えよう

アイスクリームの中に虫が！　さあ、どうする？

もし、カップのアイスクリームを買って、ふたをあけたら、小さな虫が入っていたとしたら、あなたはどうしますか？
消費者の責任を果たすためにどんなことができるかを調べて、考えてみましょう。

うわ！虫が入ってる！

| 国民生活センター | | 国や都道府県 | 国会 |

国民生活センター
全国の消費生活相談情報を集めて、分析、提供する。

 事故多発!! 注意

国や都道府県
違法な営業をしている会社に営業停止命令、違法な表示をしている会社に定められた表示をするよう命令を出す。

国会
法律を整備する。

トラブルの解決

問題点が改善される。

↑
会社が対応する

わかりました。

健全な会社が育ち、安全で質のいい商品やサービスが増える。

↓

消費者の積極的な行動によって、安全・安心に暮らすことができる。

会社が連絡を受ける

お客さんの使い方の問題ですよ。

消費者市民社会の実現

会社が対応しない
↓
あきらめる

被害・トラブルが拡大する。

うわ!!

29

# 3 消費者を守る法律や 機関はあるの？

日本には消費者を守るための法律や機関が整備されています。
どんなものがあるのでしょうか？

 ## 消費者を守るための法律

商品をつくった会社は、商品について重要な情報をたくさんもっていますが、消費者はもっていません。

このように、会社に比べて不利な立場にある消費者を守り、助けるために、数多くの法律がつくられています。

道で声をかけてきた人や、家に売りにきた人から商品を買ったときに、一定の期間内なら契約を取り消せる、クーリング・オフという制度もあるんだクリ。(→3巻)

消費者基本法

消費者の利益と権利を守るための法律。売り手の会社は、消費者に情報をわかりやすく伝え、苦情にきちんと対応すること、消費者は、必要な情報や知識を集めることが定められている。

製造物責任法(PL法)

製品をつくった会社の責任を明らかにするための法律。製品に欠陥があったために買った人の命や健康、財産に被害があった場合、買った人は会社に損害賠償を求められる。

消費者契約法

契約にかかわるトラブルから消費者を守るための法律。商品の説明にうそがあったり、商品がこわれていたり、消費者がおどされて買わされたときなどは、商品を返すことができる。

消費者教育推進法

消費者の権利の保護と自立支援のための法律。消費者市民社会を実現できる消費者の育成を目指して、国などが消費者教育を積極的に進めることが定められている。

消費者庁と国民生活センター

消費者庁は、消費者が安全に暮らし、安心して買い物などができることを目指して、2009年につくられた国の機関です。消費者を守るためのルールをつくり、商品や食品の安全性の情報を発信しています。

消費者庁のもとには国民生活センターが置かれていて、都道府県などの消費生活センターから報告された相談の情報を集めて分析するほか、商品テストを行って商品の安全性などを調べています。

また、消費者庁と国民生活センターは、消費者教育を進めることにも力を入れています。

国民生活センター

都道府県などにある消費生活センター

都道府県などには、消費者を支えるための消費生活センターがつくられています。

消費生活センターは、消費者からのさまざまな相談にのっているほか、暮らしに役立つ情報を発信したり、消費者教育を進めたりしています。

買い物でトラブルにあったら、まずは地域の消費生活センターに相談してみましょう（→18、34 ページ）。

消費生活センターは、地域によって、「消費者センター」「消費生活相談窓口」のように名前がちがうんだクリン。住んでいる地域はどうか調べてみよう。

ちょこっとコラム 消費生活相談員って何だろう？

消費生活相談員は、各地の消費生活センターなどに置かれている消費者トラブル解決の専門家です。消費者から消費者トラブルの相談を聞いて、問題を解決するためのアドバイスをしています。

また、ほかの専門家を紹介したり、相談の結果わかったことを、消費者に広く知らせたりする仕事もしています。

消費者を守るための歩み

消費にかかわるさまざまなトラブルなどを「消費者問題」といいます。

産業や技術の発展や国際化などによって、人々の暮らしが変わり、次々に新しい消費者問題が起こってきました。そして、それらを解決するために、消費者を守る仕組みも整えられてきました。

人が亡くなる事件も起こっていたんだ！

だから、消費者を守る仕組みが大切なんだね。

年代	〜 1960 年代	1970 〜 1980 年代
社会の様子	●経済が大きく発展する。 ●商品の大量生産・大量消費が本格的になる。	●経済の情報化、国際化が進む。 ●サービス業が発展する。 ●クレジットカードが広く使われるようになる。
おもな消費者問題	● 1955年　**森永ヒ素ミルク事件** 赤ちゃん用粉ミルクに毒物であるヒ素がまじり、130 人の赤ちゃんが死亡した。2019 年 3 月末時点の被害者数は 1 万 3000 人をこえる。 ● 1960年　**ニセ牛缶事件** 牛肉の缶づめの肉の多くが、実際にはクジラや馬の肉だった。	● 1972年　**PCB 汚染問題** 電気機器など、さまざまな製品に使われていた PCB（ポリ塩化ビフェニル）が人体に有害だとわかり、生産・使用が中止になった。 ● 1980年代　**多重債務問題** クレジットカードなどで買い物をしたあと、お金をはらえなくなり、そのためにほかから借金する人が増えた。
消費者を守る仕組み	● 1968年　**消費者保護基本法** 消費者の利益を守り、消費生活を安定・向上させるためにつくられた法律。2004 年に改正されて、消費者基本法となった。	● 1970年 国民生活センターがつくられる。 

\ちょこっと/
コラム

消費者が変えた子ども服

子どもの服についているひもやフードが家具やドアなどに引っかかって、転んだり、首がしまったりする事故がたびたび起こっていました。

そのため、消費者団体が国や子ども服の会社などに、対策をするように求めました。これがきっかけで2015年、子ども服の安全基準が定められ、頭や首、ズボンのすそからたれ下がるひも、背中から出るひもなどはつけられなくなりました。

しかし、この安全基準に強制力はないため、買う側も注意することが必要です。

1990年代	2000年代〜
●パソコンが家庭や職場で使われるようになる。 ●農産物の輸入の自由化がはじまる。 	●インターネットが広く使われるようになる。
● 1990年　**カラーテレビ発煙・発火事故** カラーテレビから煙が出たり、発火したりする事故が次々に起こった。 ● 1995 〜 1996年 **こんにゃくゼリーによる死亡事故** 子どもやお年寄りが一口サイズのこんにゃくゼリーを飲みこんだ結果、窒息して死亡する事故が続けて起こった。	● 2001年　**BSE（牛海綿状脳症）問題** BSEにかかった牛が国内で発見される。この病気の牛の肉などを食べると人間でも発症の可能性があるため大きな問題になった。 ● 2007年　**冷凍ギョウザ中毒事件** 輸入した冷凍ギョウザが原因で、中毒患者が出た。原因は混入された薬物だった。事故の情報の共有や素早い対応ができなかったことが問題になった。
● 1994年　**製造物責任法（PL法）** 製品の欠陥が原因で命や健康、財産などに被害があったときは、会社が損害賠償することを定めた法律。 	● 2004年　**消費者基本法** 消費者の権利の尊重と自立支援を基本理念とした法律。 ● 2009年　消費者庁がつくられる。 ● 2012年　**消費者教育推進法** 消費者市民社会の実現を目指して、消費者教育を進めることを定めた法律。

消費生活センターに話を聞いてみよう

消費者トラブルにあったとき、相談にのってくれる消費生活センター。
そこで働く消費生活相談員の遠山さんに話を聞いてみましょう。

立場の弱い消費者を助ける

──消費生活センターは、どのようなところですか？

遠山：商品やサービスを買ってトラブルがあったときに、消費者の手助けをするところです。

商品やサービスを売っている会社と、消費者とを比べると、どうしても消費者のほうが、弱い立場ですよね。会社のほうが、もちろん商品についていろいろ情報をもっているし、交渉だって得意です。

だから、買った商品に何か不具合があっても、消費者が会社にそれを伝えて改善してもらうのはたいへんなことです。そんなときに消費者の側に立って、会社と交渉できるように手助けすることが、消費生活センターの大きな役目です。

──消費生活相談員の方たちは、具体的にはどのようなことをしているのですか？

遠山：わたしたちの仕事は、相談、情報提供、消費者教育の3つに分けられます。

相談は、消費者トラブルにあった人の相談にのることです。トラブルがあったときは、消費者と会社が話し合って解決してもらうのがいちばんいいのですが、会社がとりあってくれず、話し合いにならないこともあります。

その場合は消費生活センターが消費者と会社の間に入って、契約を取り消すお手伝いなど、トラブルを解決するための交渉をします。

お話を聞いた人

**東京都消費生活総合センター
遠山尚恵さん**

消費生活相談員として、消費トラブルで困っている人たちの話を聞き、問題を解決するためのアドバイスや手助けをしている。

東京都消費生活総合センターの入り口。
飯田橋駅前の大きなビルの中にある。

消費者からの相談は電話で受けることが多い。相談員はヘッドフォンとマイクが一体になったヘッドセットをつけて、電話に対応する。

相談に来た人の話をよく聞き、問題点を正確につかむ‼

―――あとのふたつは、どんなお仕事ですか。

遠山：情報提供は、消費者トラブルなどの情報を冊子やWebサイトで消費者に伝えることです。

　さらに、消費者が正しい知識を得られるように、消費者教育の講座やイベントを開いたり、動画をつくったりもしています。

―――消費者トラブルの相談を受けるときに、気をつけていることなどはありますか？

遠山：消費者トラブルにあうとだれでも不安になりますから、いつ、どんなことがあったのかをうまく説明できない人が多いのです。だから、ていねいに話を聞きながら、その人が何に困っているのか、どこに問題があるのかを正確につかみとるように気をつけています。

　そのうえで解決方法をアドバイスしたり、必要なときには相手の会社に対して、このような問題があるので対応してくださいと伝えたりします。

　ただ、わたしたちには会社に対して何かを強制する力はありませんから、相談に来た人も会社も、両方が問題を解決しようという気持ちをもって協力してくれないと、解決できないこともありますね。

―――最近、目立っている消費者トラブルには、どのようなものがありますか？

遠山：大人も子どもも、インターネットでのトラブルが増えていますね。悪質な販売方法などで被害にあい、支払ったお金を返してほしいと思っても、相手がだれだかわからないというケースが非常に多いです。

　また、トイレ修理などのトラブルも目立ちます。インターネットには修理代が2000円からと書いてあるのに、実際に修理に来てもらうと値段がどんどんつり上げられ、最終的に数十万円をはらわされる被害が増えています。

小学校高学年向けの動画教材。オンラインでも見られる。

!! 小学生ではインターネットでのトラブルが増加中

――小学生からの相談もありますか？

遠山：あります。とくに多いのはオンラインゲームの課金トラブルですね。ゲームの中で強くなるためにアイテムをどんどん買ったり、レアアイテムを手に入れるためにオンラインガチャをくり返したりして、家の人が知らない間に、20万円や50万円も使ってしまったという相談が増えています。

　それから、化粧品や健康食品などの定期購入のトラブルについて相談されることもありますね。初回は500円くらいと安いので、自分のおこづかいでも買えると思って注文してしまうようです。

――小学生はクレジットカードなどをもっていないと思いますが、代金はどうはらうのですか？

遠山：化粧品や健康食品だと、商品が届いてからコンビニで現金で後払いするケースが多いですね。

　でも、はらったあとも定期的に商品が送られてきて、初めて定期購入だったと気づくのです。そういう商品は最初は安くても、2回目からは1万円をこえることもよくあります。

――小学生や、その保護者から相談を受けたときは、どのように対応されるんですか？

遠山：18歳未満の未成年者が、保護者の許可をもらわないで契約したときは、取り消すことができると法律で決められています。

　だから、まずは本人か保護者から、相手の会社に契約を取り消したいと伝えてもらいます。もし相手の会社が取り消してくれなかったら、わたしたちが間に入って交渉に応じるよう話をします。

――では、お金がもどってきたり、はらわないですんだりすることも多いのですね？

遠山：そうですね、契約の取り消しに応じてくれる会社がほとんどですが、中には拒否する会社もあります。

　スマートフォンの契約者が保護者だと、未成年者が使ったと証明することがむずかしいこともあります。また、18歳以上だとうそをついて契約したときも、交渉はむずかしくなります。だから、やはりインターネットで注文するときは、十分気をつけることが大切だと思います。

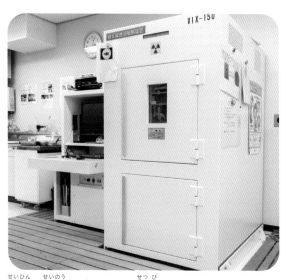

製品の性能などを調べる設備も整えられている。

図書資料室では、消費者トラブルなどについてのさまざまな本や資料を見ることができる。

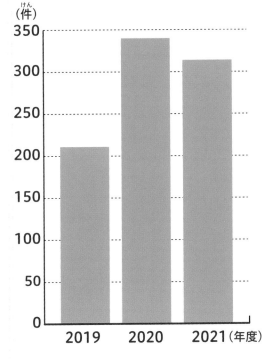

東京都の小学生から消費者相談があった商品・サービス	
商品・サービス	件数
オンラインゲーム	206
化粧品	19
健康食品	18
玩具・遊具	13
アダルト情報	11
娯楽等情報配信サービス※1	5
映像配信サービス	4
教養・娯楽サービスその他※2	4
歯科治療	4
学習塾	3

※1 アダルト情報・音楽配信サービス・映像配信サービス以外の娯楽等情報配信サービス　※2 懸賞サイトやダビングサービスなど、ほかに分類できない娯楽・情報サービス

どちらも2021年度／東京都消費生活総合センター「わたしは消費者 No.170」より

トラブルにあったら、ひとりで悩まないで相談を！

──小学生が消費者トラブルにあわないようにするためには、どうしたらよいですか？

遠山：お話ししたように、小学生ではインターネットを通じたトラブルがとても多いです。インターネットはとても便利な道具ですが、そのこわさも知って、適切に使ってほしいと思いますね。

　最近は、すべての年代で、SNSなどで知り合った人にお金をだましとられるケースが増えています。だから、インターネット上に個人情報や写真、動画をのせないとか、SNSで知り合った人を簡単に信用しないとか、インターネットを使うときの基本のルールを守ることがとても大切です。

──かしこい消費者になるためには、どのようなことに気をつければよいでしょうか？

遠山：わたしたちは、いろいろな人や会社がつくった商品やサービスを消費して生活している消費者です。でも、かしこい消費者になるためには、知識と経験が必要です。

　小学生はそうした知識や経験が不足しているのはあたりまえですから、買い物をするときには、この商品を買っても大丈夫かなとか、もっといいものはないかなとか、商品を比較して、よく考えて買う習慣を身につけてほしいですね。

　それでも、失敗したり、トラブルにあったりすることがあります。大人でもあるんですから、小学生なら、なおさらです。そんなときは、決してひとりで悩まないで、まずまわりの人に相談してみてください。

　それでも解決しないときには、ぜひ地域の消費生活センターに連絡してください。

　みなさんからの相談が、世の中をよりよい方向へ変えていく力になることも、ぜひ知ってほしいですね。

さくいん

監修 松葉口 玲子（まつばぐち れいこ）

横浜国立大学教育学部教授。専門は消費者教育、環境教育、ESD（持続可能な開発のための教育）。持続可能な社会の構築に向けた消費者教育やESD、環境教育の研究に取り組む。著書に『持続可能な社会のための消費者教育―環境・消費・ジェンダー』（近代文藝社）、『SDGs時代の教育』（学文社／共著）、監修書に『地球ときみをつなぐ SDGsのお話』『SDGsおはなし絵本 やさしくわかる１７の目標』（Gakken）など多数ある。

表紙・本文イラスト　：ふわ こういちろう
説明イラスト　　　　：はやみ かな（303BOOKS）
装丁・本文デザイン　：倉科明敏（T.デザイン室）
編集制作　　　　　　：常松心平、飯沼基子、古川貴恵（303BOOKS）
撮影　　　　　　　　：杵嶋宏樹
校正　　　　　　　　：鷗来堂

取材協力　　　　　　：東京都消費生活総合センター
画像提供　　　　　　：PIXTA

お金の使い方で未来を変えよう！
❺ お金のトラブルをなくそう

2024年3月22日　　第1刷発行

発行所　　　　株式会社童心社
　　　　　　　〒112-0011　東京都文京区千石4-6-6
　　　　　　　電話03-5976-4181（代表）
　　　　　　　　　　03-5976-4402（編集）
印刷　　　　　中央精版印刷株式会社
製本　　　　　株式会社難波製本

©DOSHINSHA PUBLISHING CO., LTD 2024　ISBN978-4-494-01886-4
Printed in Japan　NDC 365　39P　30.3×21.6cm　Published by DOSHINSHA　https://www.doshinsha.co.jp/
本書の複写、スキャン、デジタル化等の無断複製は著作権法上での例外を除き禁じられています。本書を代行業者等の第三者に依頼しスキャンやデジタル化することは、たとえ個人や家庭内の利用であっても、著作権法上認められていません。